Das Licht einer Kerze - Das Liederbuch
Die 25 schönsten Weihnachtslieder

Gesammelt und herausgegeben von Stephen Janetzko

ISBN-10: 395722067X

ISBN-13: 978-3-95722-067-7

Inhaltsverzeichnis

Vorwort

Dies ist das Liederbuch zur gleichnamigen „roten" Advents-CD von Stephen Janetzko für alle Kindergruppen, große und kleine Sänger in Kindergarten und Schule, für den Gemeindeadvent und natürlich auch für Zuhause!
Eine festlich bunte Liedersammlung für die ganze Adventszeit - von den Engeln in der Weihnachtszeit, von Nikolaus und Weihnachtsbäckerei, von Schnee und Heiligabend bis ins neue Jahr.
Neue und alte Winter- und Weihnachtslieder von und mit Stephen Janetzko, auf der CD zauberhaft unterstützt vom Kinderchor Canzonetta Berlin.
Natürlich ist das Buch auch ohne die CD nutzbar.
Dieses Liederbuch enthält von den Klassikern „Schneeflöckchen, Weißröckchen" und „Alle Jahre wieder" über „Das Licht einer Kerze", den „Kleine-Engel-Tanz" und „Die Weihnachtsgans Auguste" bis hin zu „Endlich ist Winter" (eine Winter-Kinderversion des Hits „Pure Lust am Leben") und „Das kleine Mädchen mit den Schwefelhölzern" (nach Hans Christian Andersen) insgesamt 25 sorgfältig ausgewählte, sowohl traditionelle wie auch viele wunderschöne neue Lieder für die Weihnachts- und Winterzeit.

Ein herzliches Dankeschön an alle beteiligten Autoren und Verlage, insbesondere an Thomas Kornfeld, Friedel Geratsch und die Friedrich-Wolf-Gesellschaft für viel Inspiration, Hilfe und die gute Zusammenarbeit.

Die Lieder sind in genau dieser Zusammenstellung separat als CD erhältlich.

Viel Freude beim Singen und Musizieren!

Stephen Janetzko

Das Licht einer Kerze

Text: Rolf Krenzer; Musik: Peter Janssens; Original aus: Ich schenk dir einen Sonnenstrahl, 1985.
Alle Rechte: Peter Janssens Musik Verlag, Telgte, www.peter-janssens.de;
Auf der CD von Stephen Janetzko: "Das Licht einer Kerze", ISBN 978-3-95722-066-0;
Notensatz & CD: Kinderlieder-Shop Stephen Janetzko, Erlangen, www.kinderliederhits.de

2. Wir zünden zwei Kerzen jetzt am Adventskranz an.
Und die beiden Kerzen sagen´s allen dann:
Lasst uns alle hoffen hier und überall,
hoffen voll Vertrauen auf das Kind im Stall.

3. Es leuchten drei Kerzen so hell mit ihrem Licht.
Gott hält sein Versprechen. Er vergisst uns nicht.
Lasst uns ihm vertrauen hier und überall.
Zeichen seiner Liebe ist das Kind im Stall.

4. Vier Kerzen hell strahlen durch alle Dunkelheit.
Gott schenkt uns den Frieden. Macht euch jetzt bereit:
Gott ist immer bei uns hier und überall.
Darum lasst uns loben unsern Herrn im Stall.

Der Kleine-Engel-Tanz

Text und Musik: Stephen Janetzko; CD "Das Licht einer Kerze - Die 25 schönsten Weihnachtslieder"
© Edition SEEBÄR-Musik Stephen Janetzko, www.kinderliederhits.de

Tempo: ca. 168

Refrain.

2. Alle tanzen mit,
rundherum im Engelschritt!
Keiner bleibt allein,
alle wollen Engel sein!

Refrain.

3. Eins, zwei, drei und vier,
kleine Engel, das sind wir!
Fünf, sechs, sieben, acht,
wir sind bei dir Tag und Nacht!

Refrain.

Spielhinweis:
Dieser Tanz sollte auch aktiv in Bewegung umgesetzt werden! Alle Kinder stehen im Kreis.
Refrain: Auf den ersten Vers „Tanz.." klatschen wir alle mit, beim Vers „öffne..." drehen wir uns
90 Grad nach links und strecken Arme und Hände seitlich von uns aus, so dass alle rechten
Arme in die Kreismitte, die linken aus dem Kreis heraus zeigen.
Auf „Tanz..." wieder klatschen, und beim Vers „flieg..." drehen wir uns diesmal 90 Grad nach
rechts und strecken Arme und Hände seitlich von uns aus, so dass alle linken Arme in die
Kreismitte, die rechten aus dem Kreis heraus zeigen.
1. Strophe: Vier Schritte in die Mitte gehen, dann leicht nach vorne beugen und beide Arme hinter
dem Körper wie Flügel hochheben („Kleine Engel, das sind wir"). Dann vier Schritte zurück.
Beim letzten Vers Arme hoch in die Luft heben und einmal selbst umdrehen.
2. Strophe: Wir gehen im Uhrzeigersinn im Kreis, die Arme dabei wieder seitlich wie Engelsflügel
angehoben.
3. Strophe: wie 1. Strophe.
Natürlich könnt ihr auch euren eigenen Engeltanz kreieren!

Leise rieselt der Schnee

Text und Musik: Eduard Ebel
Auf der CD von Stephen Janetzko: "Das Licht einer Kerze", ISBN 978-3-95722-066-0;
Notensatz & CD: Kinderlieder-Shop Stephen Janetzko, Erlangen, www.kinderliederhits.de

2. In den Herzen ist`s warm, still schweigt Kummer und Harm,
Sorge des Lebens verhallt: Freue dich, Christkind kommt bald!

3. Bald ist heilige Nacht, Chor der Engel erwacht.
Hört nur, wie lieblich es schallt: Freue dich, Christkind kommt bald!

Endlich ist Winter
(Pure Lust am Winter)

Originaltext und Musik: Friedel Geratsch; deutscher Spezialtext: Stephen Janetzko;
Alle Rechte: © SMPG Publishing (Germany) GmbH, Berlin
Auf der CD von Stephen Janetzko: "Das Licht einer Kerze", ISBN 978-3-95722-066-0;
Notensatz & CD: Kinderlieder-Shop Stephen Janetzko, Erlangen, www.kinderliederhits.de

2. Bau mit mir `nen Schneemann und `ne Schneemannfrau!
Rollen wir die Kugeln,
ach, nimm´s nicht so genau!
Schlittenfahr`n ist wichtig, Schlittenfahr`n tut gut,
Schneeballschlacht ist richtig,
wenn es nicht wehtut.
Wenn´s mir mal zu kalt wird,
trink ich einen Tee.
Doch dann muss ich wieder... wieder in den Schnee-e-e, Freunde!

Refrain:

Endlich ist Winter...

3. Schlittenfahr`n ist wichtig, Schlittenfahr`n tut gut,
Schneeballschlacht ist richtig,
wenn es nicht wehtut.
Wenn´s mir mal zu kalt wird,
trink ich einen Tee.
Doch dann muss ich wieder... wieder in den Schnee-e-e, Freunde!

Refrain:

Endlich ist Winter...

Schneeflöckchen, Weißröckchen

Text: nach Hedwig Haberkern; Musik: trad.
Auf der CD von Stephen Janetzko: "Das Licht einer Kerze", ISBN 978-3-95722-066-0;
Notensatz & CD: Kinderlieder-Shop Stephen Janetzko, Erlangen, www.kinderliederhits.de

2. Komm, setz dich ans Fenster, du lieblicher Stern,
malst Blumen und Blätter, wir haben dich gern.

3. Schneeflöckchen, Weißröckchen, komm zu uns ins Tal.
Dann bau'n wir den Schneemann und werfen den Ball.

Ich habe viele Wünsche
(Wunsch fürs Christkind)

Text und Musik: Stephen Janetzko; Bearbeitung: Thomas Kornfeld; CD "Das Licht einer Kerze - Die 25 schönsten Weihnachtslieder" © Edition SEEBÄR-Musik Stephen Janetzko, www.kinderliederhits.de

2. Wer Hunger hat auf Erden, den mache bitte satt.
Von Herzen will ich danken für alles, was ich hab.
Ich hab so viele Dinge. Nicht nur zur Weihnachtszeit
schenkst du mir deine Liebe, machst unsre Herzen weit.

3. Ich wünsche allen Menschen, ich wünsche jedem Kind,
den Pflanzen und den Tieren, dass alle glücklich sind.
Ich habe viele Wünsche, ich hab sie nicht gezählt.
So viel hab ich gesehen, daraus hab ich gewählt.

4. Ich habe viele Wünsche, ich hab sie nicht gezählt.
So viel hab ich gesehen, daraus hab ich gewählt.

Spielanregung:
Ein Lied über die Wünsche zur Weihnachtszeit - und darüber,
dass diese nicht immer materiell sein müssen.
Natürlich wünscht sich jedes Kind auch "Dinge". Wir sollten
dabei die ursprüngliche Bedeutung des Weihnachtsfestes
stets im Auge behalten.

Alle wollen backen

Text und Musik: Stephen Janetzko; CD "Das Licht einer Kerze - Die 25 schönsten Weihnachtslieder"
© Edition SEEBÄR-Musik Stephen Janetzko, www.kinderliederhits.de

Refrain: Alle wollen backen...

2. Plätzchenteig ist angerührt,
alle haben schon probiert.
Kinder, Kinder, wie das schmeckt,
komm, jetzt machen wir Konfekt!
Ahhh - ohhh - hmmm!

Refrain: Alle wollen backen...

3. Basteln mit Papier ist schön,
das kannst du am Fenster sehn:
Sterne, Schneemann, Weihnachtsbaum
hängen wir in jeden Raum!
Ahhh - ohhh - uhhh!

Refrain: Alle wollen backen...

4. Mandel-, Pekan-, Haselnuss
essen wir mit Hochgenuss.
Alles wird heut selbst geknackt.
Dazu singen wir im Takt:
Ahhh - ohhh - hmmm!

Refrain: Alle wollen backen...

Heute kommt der Nikolaus

Ein Nikolausspiellied

Text: Elke Bräunling, Musik: Stephen Janetzko; CD "Das Licht einer Kerze - Die 25 schönsten Weihnachtslieder" © Edition SEEBÄR-Musik Stephen Janetzko, www.kinderliederhits.de

Refrain (Alle):
Heute kommt der Nikolaus.
Steht er schon vor unserm Haus?
Wir machen rasch die Türen auf.
Pst! Pst! Er kommt bestimmt gleich rauf.

2. Strophe:
(1. Kind): Er bringt zumeist Geschenke mit.
(2. Kind): Wir singen ihm ein schönes Lied.
(3. Kind): Ich schenke ihm ein Weihnachtslicht.
(4. Kind): Und ich, ich sag ihm ein Gedicht!

Refrain (Alle):
Heute kommt der Nikolaus.
Schon stapft er durch unser Haus.
Und gleich schon wird er bei uns sein.
Ruft: „Nikolaus! Herein! Herein!"

Spielanregung:
*Ein Nikolausspiellied für Kindergruppen
zum Aufführen beim Nikolausfest.
Vier Kinder (oder acht) singen jeweils
eine Zeile solo, den Refrain singen wir
gemeinsam.
Der Text kann wahlweise auch
gesprochen werden.
Zum Schluss erscheint dann der
Nikolaus (die letzte Zeile des letzten
Refrains kann öfters wiederholt
werden, bis er tatsächlich da ist).*

Ich zünde eine Kerze an

Text: Stephen Janetzko, Musik: Thomas Kornfeld; CD "Das Licht einer Kerze - Die 25 schönsten Weihnachtslieder" © Edition SEEBÄR-Musik Stephen Janetzko, www.kinderliederhits.de

2. Ich zünd die zweite Kerze an,
schon mitten im Advent.
Sie öffnet meinen Geist sodann,
weil`s Licht nun stärker brennt,
sie öffnet meinen Geist sodann,
weil`s Licht nun stärker brennt.

3. Ich zünd die dritte Kerze an,
mein Herz ist tief berührt.
Voll Freude ist das ganze Haus,
weil`s Seine Ankunft spürt,
voll Freude ist das ganze Haus,
weil`s Seine Ankunft spürt.

4. Ich zünd die vierte Kerze an
fürs kleine Jesuskind
an einer Krippe, nur auf Stroh,
wo Weihnachten beginnt,
an einer Krippe, nur auf Stroh,
wo Weihnachten beginnt.

Der Winter kommt! (1-2-3)

Text und Musik: Stephen Janetzko; CD "Das Licht einer Kerze - Die 25 schönsten Weihnachtslieder"
Tempo: ca. 180   © Edition SEEBÄR-Musik Stephen Janetzko, www.kinderliederhits.de

Refrain (Wiederholung):
Der Winter kommt (der Winter kommt), kommt raus aus seiner Gruft.
Der Winter kommt (der Winter kommt)! Ich spring vor Freude vier Mal in die Luft! (1,2,3,4!)

2. Wenn ich jetzt nach draußen geh, huh, dann ist es richtig kalt.
Dann will ich spazieren gehn durch den weißen Winterwald
Ich will einen Schneemann bau`n und will Schlitten fahr`n.
Und der Himmel, der soll nicht mit seinen Flocken spar`n

Refrain: ...fünf Mal in die Luft! (1,2,3,4,5!) ... sechs Mal in die Luft! (1,2,3,4,5,6!)

Zwischenspiel: Lange haben wir gewartet, endlich ist er da!
Hoffentlich bleibt alles weiß - das wär wunderbar!

3. Schneeballschlacht und Keilerei - dir werd´ ich es zeigen.
Drinnen gibt es heißen Tee, so könnt`s immer bleiben
Ach, ist das nicht wunderbar, Winter mag ich sehr.
Schnee liegt, Schnee liegt überall, still steht der Verkehr

Refrain: ... sieben Mal in die Luft! (1,2,3,4,5,6,7!) ... acht Mal in die Luft! (1,2,3,4,5,6,7,8!)

Ein Engel für dich

Text: Christa Baumann/Stephen Janetzko; Musik: Stephen Janetzko; CD "Das Licht einer Kerze - Die 25 schönsten Weihnachtslieder" © Edition SEEBÄR-Musik Stephen Janetzko, www.kinderliederhits.de

Tempo: ca. 108

Refrain: Ein Engel für dich...

2. Wenn du manchmal traurig bist, kannst du mit ihm reden.
Sag ihm, was dich zornig macht,
du wirst niemals ausgelacht.
Er lässt dich niemals allein, auch im tiefsten Dunkel.

Refrain: Ein Engel für dich...

3. Wenn du wieder lachen kannst, freut er sich von Herzen.
Denn er will dich glücklich sehn,
darum wird er mit dir gehn,
jeden Tag und jede Nacht, lässt dich nie alleine.

Refrain: Ein Engel für dich...

als Schluss nach dem letzten Refrain:

Die Weihnachtsgans Auguste

- nach einer Erzählung von Friedrich Wolf -

Text: Stephen Janetzko, Musik: Thomas Kornfeld; CD "Das Licht einer Kerze - Die 25 schönsten
Weihnachtslieder" © Edition SEEBÄR-Musik Stephen Janetzko, www.kinderliederhits.de

2. Man geht mit Gustje gern spaziern,
und alle sind mit ihr vertraut.
Derweil träumt Papa Löwenhaupt
vom Weihnachtsschmaus mit Obst und Kraut,
die Frage ist, ob er sich traut...
Er wetzt das Messer, schnappt die Gans,
die schimpft und nimmt Reißaus, au wei!
„Die Packung Schlaftabletten kann´s -
wir mischen sie in ihren Brei!
Dann ist es mit der Gans vorbei!"

Refrain:
Die Weihnachtsgans Auguste, Auguste,
die will nicht auf den Tisch.
Die Weihnachtsgans Auguste, Auguste,
die ist so herrlich frisch, so frisch,
und etwas muss man doch fürs Herze tun...
"Lat mi in Ruh, lat mi in Ruh.
Ick will in min Truh, will in min Truh!
Lat mi in Ruh, lat mi in Ruh.
Ick will in min Truh, will in min Truh!"

3. Ach, der Familie tut's so leid!
Wer kommt da zitternd anstolziert?
Gerupft, ganz ohne Federkleid...
„Oh, seht nur, wie Auguste friert!"
Sie stricken schnell und raffiniert!
Auguste liebt den Pulli sehr,
bald läuft sie wieder auf und ab.
„Nein, Gustje geb´n wir nie mehr her!"
Die beste Gans, die es je gab!
Wie lieb der Papa sie doch hat!

Refrain:
Die Weihnachtsgans Auguste, Auguste,
die sitzt nun mit am Tisch.
Die Weihnachtsgans Auguste, Auguste,
die ist so herrlich frisch, so frisch,
und etwas muss man doch fürs Herze tun...
"Lat mi in Ruh, lat mi in Ruh.
Ick will in min Truh, will in min Truh!
Lat mi in Ruh, lat mi in Ruh.
Ick will in min Truh, will in min Truh!"

Weiße Flocken überall

Text: Stephen Janetzko, Musik: Thomas Kornfeld; CD "Das Licht einer Kerze - Die 25 schönsten Weihnachtslieder" © Edition SEEBÄR-Musik Stephen Janetzko, www.kinderliederhits.de

2. Schaut her, ich habe weißes Haar
und Spuren im Gesicht.
Mein Garten scheint heut sonderbar,
versteckt ist Schicht um Schicht.
Es glitzert zart im freien Fall:
Weiße Flocken überall -
jede Flocke ein Kristall,
jede Flocke ein Kristall.

3. Schneeflöckchen, leg dich auf mein Haus,
auf Auto, Gras und Baum.
Für kurze Zeit führ mich hinaus
in deinen hellen Traum.
Es glitzert zart im freien Fall:
Weiße Flocken überall -
jede Flocke ein Kristall,
jede Flocke ein Kristall.

Vier Engel in der Weihnachtszeit

Text und Musik: Stephen Janetzko; CD "Das Licht einer Kerze - Die 25 schönsten Weihnachtslieder"
© Edition SEEBÄR-Musik Stephen Janetzko, www.kinderliederhits.de

Tempo: ca. 96

2. Der Engel des zweiten Advent.
Schaut die zweite Kerze - ja, sie brennt!
Wir danken dir, du Engel, und sind froh,
du leuchtest den Weg zu dem Kind im Stroh.

3. Der Engel des dritten Advent.
Schaut die dritte Kerze - ja, sie brennt!
Wir danken dir, du Engel, und sind froh,
du leuchtest den Weg zu dem Kind im Stroh.

4. Der Engel des vierten Advent.
Schaut die vierte Kerze - ja, sie brennt!
Wir danken dir, du Engel, und sind froh,
du leuchtest den Weg zu dem Kind im Stroh.

Seht, wie die Kerzen leuchten!

Text und Musik: Stephen Janetzko; CD "Das Licht einer Kerze - Die 25 schönsten Weihnachtslieder"
© Edition SEEBÄR-Musik Stephen Janetzko, www.kinderliederhits.de

Tempo: ca. 128

Refrain.

2. Sorge ist fern,
Dank sei dem Herrn -
hier im Kerzenschein!
Sagt, wie es ist:
Es naht der Christ!
Bald wird Weihnacht sein!

Refrain.

3. Könige nah´n,
sternenerfahr´n -
hier im Kerzenschein!
Hirten geschwind,
eilet zum Kind -
Bald wird Weihnacht sein!

Refrain (2x).

Der Winter ist da

Text und Musik: Stephen Janetzko; CD "Das Licht einer Kerze - Die 25 schönsten Weihnachtslieder"
© Edition SEEBÄR-Musik Stephen Janetzko, www.kinderliederhits.de

Refrain: Der Winter ist da...

2. Ich will einen Schneemann baun, mindestens zwei Meter.
Meine Freunde machen mit, kommen etwas später.

Refrain: Der Winter ist da...

3. Viele Tiere ruhen nun sicher in der Erde,
warten, dass es irgendwann wieder Frühling werde.

Refrain: Der Winter ist da...

Zur Weihnachtszeit weitere Strophen nach Wahl möglich:

4. Abends ist es dunkel schon ein paar Stunden eher,
und das Jahresende rückt immer immer näher.

5. Wollen wir gemeinsam heut ein paar Plätzchen backen?
Das wär ziemlich klasse, auch Nüsse wolln wir knacken.

6. Zündet eure Kerzen an, jede Woche eine;
kuschelt euch gemütlich ein: Ihr seid nicht alleine!

Mein kalter Freund, der Winter

Text: Stephen Janetzko, Musik: Thomas Kornfeld; CD "Das Licht einer Kerze - Die 25 schönsten Weihnachtslieder" © Edition SEEBÄR-Musik Stephen Janetzko, www.kinderliederhits.de

Wenn wir mit unsern Kerzen gehn
(Lied zum Advent)

Text: Rolf Krenzer; Musik: Stephen Janetzko; CD "Das Licht einer Kerze - Die 25 schönsten Weihnachtslieder" © Edition SEEBÄR-Musik Stephen Janetzko, www.kinderliederhits.de

Refrain: Wenn wir mit unsern Kerzen gehn...

2. Es leuchtet unser Kerzenschein euch allen in das Herz hinein,
damit sich jeder dann von Herzen freuen kann,
damit sich jeder dann von Herzen freuen kann.

Refrain: Wenn wir mit unsern Kerzen gehn...

3. Und wenn erst jede Kerze brennt, dann feiert froh mit uns Advent,
damit sich jeder dann von Herzen freuen kann,
damit sich jeder dann von Herzen freuen kann.

Alle Jahre wieder

Text: Wilhelm Hey; Musik: Friedrich Silcher
Auf der CD von Stephen Janetzko: "Das Licht einer Kerze", ISBN 978-3-95722-066-0;
Notensatz & CD: Kinderlieder-Shop Stephen Janetzko, Erlangen, www.kinderliederhits.de

2. Kehrt mit seinem Segen ein in jedes Haus,
geht auf allen Wegen mit uns ein und aus.

3. Ist auch mir zur Seite, still und unerkannt,
dass es treu mich leite an der lieben Hand.

Alle Menschen nah und fern

Text und Musik: Stephen Janetzko; CD "Das Licht einer Kerze - Die 25 schönsten Weihnachtslieder"
© Edition SEEBÄR-Musik Stephen Janetzko, www.kinderliederhits.de

2. Kommt zur Krippe, schaut euch an; kommt, ob Kind, ob Frau, ob Mann.
Kommt zur Krippe, schaut euch an; kommt, ob Kind, ob Frau, ob Mann.
Kommt und sehet, schweiget still, was der Herr euch zeigen will.
Kommt und sehet, schweiget still, was der Herr euch zeigen will.

3. In der Nacht die Glocke klingt, und von fern der Engel singt.
In der Nacht die Glocke klingt, und von fern der Engel singt.
Hell der Stern am Firmament, der allein den Weg nur kennt.
Hell der Stern am Firmament, der allein den Weg nur kennt.

4. wie 1.

Stille Nacht

Text: Joseph Mohr; Musik: Franz Xaver Gruber
Auf der CD von Stephen Janetzko: "Das Licht einer Kerze", ISBN 978-3-95722-066-0;
Notensatz & CD: Kinderlieder-Shop Stephen Janetzko, Erlangen, www.kinderliederhits.de

2. Stille Nacht, heilige Nacht! Hirten erst kundgemacht.
Durch der Engel Halleluja tönt es laut von fern und nah:
Christ, der Retter ist da, Christ, der Retter ist da!

2. Stille Nacht, heilige Nacht! Gottes Sohn, o wie lacht
Lieb aus deinem göttlichen Mund, da uns schlägt die rettende Stund,
Christ, in deiner Geburt, Christ, in deiner Geburt.

Wenn die Flocken sacht vom Himmel fallen (Winterzeit)

Text: Stephen Janetzko, Musik: Thomas Kornfeld; CD "Das Licht einer Kerze - Die 25 schönsten Weihnachtslieder" © Edition SEEBÄR-Musik Stephen Janetzko, www.kinderliederhits.de

Tempo: ca. 100

2. Schlittenfahr'n, Plätzchen backen,
nur mit dicken Jacken
geh' n wir aus dem Haus,
das macht uns nichts aus -
wenn die Flocken sacht vom Himmel falln,
wenn die Flocken sacht vom Himmel falln.

3. Winterzeit ist so herrlich,
find ich unentbehrlich.
wir glitschen durchs Eis,
und alles ist weiß -
wenn die Flocken sacht vom Himmel falln,
wenn die Flocken sacht vom Himmel falln.

4. Schneeballschlacht auf den Wiesen;
und für Joe, den Fiesen,
halt ich allezeit
den Eisball bereit -
wenn die Flocken sacht vom Himmel falln,
wenn die Flocken sacht vom Himmel falln.

5. Winterzeit, das heißt Warten,
wieder neu durchstarten.
Und dann irgendwann
fängst du von vorn an -
wenn die Flocken sacht vom Himmel falln,
wenn die Flocken sacht vom Himmel falln.

Das kleine Mädchen mit den Schwefelhölzern

- nach einem Märchen von Hans Christian Andersen -
Text: Stephen Janetzko, Musik: Thomas Kornfeld; CD "Das Licht einer Kerze - Die 25 schönsten
Weihnachtslieder" © Edition SEEBÄR-Musik Stephen Janetzko, www.kinderliederhits.de

Tempo: ca. 108

2. Wie sprüht und brennt das erste Holz,
als wär's ein Ofen, wohlig heiß!
Die Kleine streckt die Füße aus;
das Holz erlischt, sie spürt das Eis.
Das zweite bringt ihr die Vision
vom wundervollen Weihnachtsschmaus.
Der Bratenduft ist schon ganz nah;
das Holz erlischt, der Traum ist aus.

Refrain:
Das kleine Mädchen ...

3. Das dritte bringt den Weihnachtsbaum,
so herrlich ist er ausgestellt;
das Mädchen streckt sich nach ihm aus,
doch da vergeht auch diese Welt.
Und tausend Lichter steigen auf;
die Sterne sind's, die sie beschwört.
Es ist beim letzten Schwefelholz,
der Hunger weicht, sie wird erhört.

Refrain:
Das kleine Mädchen ...

Ich schenk dir einen Stern

Text: Alexandra Gehrmann/Stephen Janetzko; Musik: Stephen Janetzko; CD "Das Licht einer Kerze - Die 25 schönsten Weihnachtslieder" © Edition SEEBÄR-Musik Stephen Janetzko, www.kinderliederhits.de

2. Schmückt euch mit Sternenstaub, dass sich ein jeder traut.
Lass deine Wünsche frei, sei einfach mit dabei -
Ich singe für die ganze Welt:

Refrain: ... und leuchte weit.
Zwischenteil:

Refrain: Ich schenk dir einen Stern, ob du nah bist oder fern.
Sei ein Licht in dieser Zeit, mach dich bereit und leuchte weit.
Ich schenk dir einen Stern, ob du nah bist oder fern.
Sei ein Licht in dieser Zeit, mach dich bereit
und leuchte weit, und leuchte weit, leuchte weit.

Wir wünschen ein gutes neues Jahr!

Text und Musik: Stephen Janetzko; CD "Das Licht einer Kerze - Die 25 schönsten Weihnachtslieder"
© Edition SEEBÄR-Musik Stephen Janetzko, www.kinderliederhits.de

Tempo: ca. 112

Refrain.

2. Was geschehn ist, ist geschehn,
nun ist Zeit nach vorn zu sehn!
Denn die Zukunft ist schon da!
Sag: „Willkommen, neues Jahr!"

Refrain.

3. Winter, Frühling, Sommer, Herbst,
es beginnt der Winter erst;
und Silvester ists ganz nah -
Drum: „Willkommen, neues Jahr!"

Refrain.

Index (Lieder alphabetisch):

DIE CD ZUM BUCH

Stephen Janetzko:
CD Das Licht einer Kerze - Die 25 schönsten Weihnachtslieder
Eine festlich bunte Liedersammlung für die ganze Adventszeit.

Über die CD:

Eine festlich bunte Liedersammlung
**von den Engeln in der Weihnachtszeit,
von Nikolaus und Weihnachtsbäckerei,
von Schnee und Heiligabend
bis ins neue Jahr**.
Neue und alte Winter- und Weihnachtslieder
von und mit
Stephen Janetzko,
*zauberhaft unterstützt vom
Kinderchor Canzonetta Berlin*

Alle Liedtitel der CD: 1. Das Licht einer Kerze - 2. Der Kleine-Engel-Tanz - 3. Leise rieselt der Schnee - 4. Endlich ist Winter (Pure Lust am Winter) - 5. Schneeflöckchen, Weißröckchen – 6. Ich habe viele Wünsche (Wunsch fürs Christkind) - 7. Alle wollen backen (Lied von der Weihnachtsbäckerei) - 8. Heute kommt der Nikolaus (Ein Nikolausspiellied) - 9. Ich zünde eine Kerze an - 10. Der Winter kommt - 11. Ein Engel für dich - 12. Die Weihnachtsgans Auguste - 13. Weiße Flocken überall - 14. Vier Engel in der Weihnachtszeit - 15. Seht, wie die Kerzen leuchten - 16. Der Winter ist da - 17. Mein kalter Freund, der Winter - 18. Wenn mit unsern Kerzen gehen (Lied zum Advent) - 19. Alle Jahre wieder - 20. Alle Menschen nah und fern – 21. Stille Nacht - 22. Wenn die Flocken sacht vom Himmel falln - 23. Das kleine Mädchen mit den Schwefelhölzern - 24. Ich schenk dir einen Stern -25. Wir wünschen ein gutes neues Jahr! (Lied zu Neujahr)

Alterszielgruppe ca. 3-99 Jahre/ Spieldauer **ca. 68:39 min.**
Best.-Nr. 91033-287, ISBN 978-3-95722-066-0
INFO & SHOP: **www.kinderliederhits.de**
© SEEBÄR-Musik (Labelcode LC 05037)

... noch mehr Adventslieder:

Stephen Janetzko:
CD „Und wieder brennt die Kerze" -
Viele schöne Lieder für die ganze Adventszeit

Advent, Winter & Weihnachten in Kindergarten, Schule & Zuhause.
Lieder von & mit Stephen Janetzko.

Über die CD: 25 Lieder für die ganze Adventszeit. Eine kunterbunt-fröhliche Winter-Weihnachtssammlung mit neuen Liedern zum Mitsingen, Spaß haben & Mitmachen zur schönsten Zeit des Jahres: Lieder vom kalten und doch so gemütlichen Winter, von Schnee und Schneemann, vom Nikolaus und der Weihnachtsbäckerei, von Kerzen, Adventskranz und natürlich vom Krippenkind und der Weihnachtsnacht.

Weit über eine Stunde Musik - ideal für Kindergarten, Schule & Zuhause!
Texte von Rolf Krenzer, Werner Schaube & Stephen Janetzko.

Alterszielgruppe ca. ab 2-99 Jahre / Spieldauer ca. 1 ¼ Stunden
Bestellnummer 91033-251 - EAN: 4032289004659
INFO & SHOP: **www.kinderliederhits.de**
© SEEBÄR-Musik (Labelcode LC 05037)

Mehr Winter-Lieder von Stephen Janetzko:

CD Es schneit, es schneit, es schneit!

Garantiert kerzen- und weihnachtsfrei! 14 Schnee-Lieder für Winter bis Fasching!

Best.-Nr. 91033-261, ISBN 978-3-95722-054-7

CD Winterzeit im Kindergarten

Wunderschöne neue Winter-, Advents- und Weihnachtslieder

Best.-Nr. 91033-227, ISBN 978-3-932455-90-2

CD Der Winter ist da

20 Winter-, Advents- und Weihnachtslieder,

Best.-Nr. 91033-29, ISBN 978-3-932455-92-6

Stephen Janetzko (Herausgeber)

Mit einer 20-minütigen MC „Der Seebär" fing alles an, heute sind es weit über 600 Kinderlieder, die der gebürtige Hagener Liedermacher bereits auf über 50 CDs und in zahllosen Liedsammlungen veröffentlicht hat. Viele davon, wie „Hallo und guten Morgen", „Wir wollen uns begrüßen", „Augen Ohren Nase", „Das Lied von der Raupe Nimmersatt", „Hand in Hand" oder „In meiner Bi-Ba-Badewanne", werden heute gesungen in Kindergärten, Schulen und überall, wo Kinder sind.

... mehr Info, mehr CDs, mehr Lieder & Noten:
www.kinderliederhits.de

www.ingramcontent.com/pod-product-compliance
Lightning Source LLC
LaVergne TN
LVHW060602200726
843509LV00003B/187